COUR IMPÉRIALE
DE PARIS.

2ᵉ Chambre.

Mᵉ GUILLEMARD
Président.

AUDIENCE DU JEUDI

DOCUMENTS

POUR

MM. PHILLIP PAVY ET PAVY ET DUNBAR

APPELANTS

Mᵉ GUILLAIN, avoué.

CONTRE

MM. LAPOSTOLET FRÈRES ET CERTEUX

INTIMÉS.

Mᵉ LESAGE, avoué.

PREMIÈRE PARTIE.

I. — Marché d'orge.

11 février 1863. — Lettre de Lapostolet frères et Certeux, de Paris, à Pavy, et Dunbar de Londres.

Nous vous adressons, par la poste, échantillon.... plus échantillon à 50 tonneaux ou 500 quintaux orge, que nous vous vendrions 16 francs les 100 kilos, *franco* sous vergues à Paimpol ou Pontrieux.

Réponses de Pavy et Dunbar le 12 février, par télégraphe :

Acceptons orges, votre prix, si fret est 15 francs pour Londres ou 12 canal Bristol.

Et par la poste :

....Mais nous n'achetons qu'à condition que les orges soient en qualité assez sèche pour pouvoir supporter le voyage, autrement nous ne serions acheteurs à aucun prix.

Et le **25 février**:

....Nous acceptons le prix de 18 francs par tonneau pour l'affrétement d'un navire, et restons engagés suivant votre désir.

II. — Exécution du marché.

27 mars 1863. — Lettre de Lapostolet frères et Certeux, croisée avec celle de Pavy et Dunbar :

....Inclus connaissement au chargement d'orge de Paimpol, dont facture s'élève à 12,256 francs ; n'ayant pas reçu le gros échantillon demandé, nous avons télégraphié aussitôt à Paimpol de nous l'adresser de suite....

31 mars 1863.— Des mêmes :

Nous vous adressons aujourd'hui l'échantillon du chargement de la *Joséphine*, que nous venons de recevoir. — Il nous paraît remplir toutes les conditions désirables. Peut-être arrivera-t-il en même temps que le navire, car les chargeurs nous font pressentir qu'il est probablement arrivé en ce moment....

2 avril 1863. — Réponses de Pavy et Dunbar par télégramme :

Joséphine arrivée, marchandise très-mauvaise, pouvons pas accepter aucun prix, échantillon, lettre ce soir.

Et par lettre :

Nous regrettons excessivement d'être obligés de refuser ce chargement, mais la mauvaise qualité de la marchandise nous y oblige, nous vous en adressons un échantillon par le courrier de ce soir; vous en jugerez vous-même. Nous aurions pu les vendre aujourd'hui, pour brasserie, avec un très-bon bénéfice, si elles avaient été conformes à l'échantillon, mais on ne veut les payer qu'au cours des orges pour les bestiaux, prix qui est très-bas.

25301

3 avril 1863. — Lettre de Lapostolet frères et Certeux :

Nous avons reçu votre télégramme et votre lettre du 2 courant, et puis l'échantillon prélevé sur le chargement la *Joséphine*. *Cet échantillon n'est pas conforme* à notre échantillon de vente. Mais est-ce bien l'échantillon représentant le chargement ou bien une petite partie du chargement ? Voilà ce que nous diront nos livreurs, MM. Gauthier frères, de Pontrieux, à qui nous avons télégraphié votre dépêche, et auxquels nous écrivons par ce courrier...

4 avril 1863. — Lettre de Pavy et Dunbar :

Nous avons votre honorée du 3 courant, et prenons note de son contenu ; aujourd'hui, nous ne pouvons rien faire avec le chargement d'orge, parce que c'est jour de fête, mais lundi, nous pouvons réussir à le vendre si vous voulez bien donner ordre de le faire, *car sans ordre nous ne pouvons absolument rien faire*...

6 avril 1863. — Lettre de Lapostolet frères et Certeux :

Nous avons reçu votre lettre 4 courant, mais sommes sans réponse de MM. Gauthier frères de Pontrieux. En conséquence, nous devons considérer leur silence comme un refus à reprendre le chargement, et devons dès lors prendre toutes les mesures nécessaires pour sauvegarder nos droits. *Nous prions M. Trier de vous voir* et examiner avec vous ledit chargement. Si la qualité ne répond nullement à l'échantillon de vente, et que vous persistiez dans votre refus, vous voudrez bien, Messieurs, prendre telles mesures qu'il conviendra, pour que tout soit fait *d'une façon légale*, que des échantillons soient prélevés dans diverses parties du chargement, puis cachetés ; il vous faudra, dans l'intérêt général, faire une requête pour obtenir à ce que ledit chargement soit déchargé et vendu aux frais et pour compte de qui de droit, afin d'éviter les frais de surestarie. — En résumé, Messieurs, mettez-vous en mesure vis-à-vis de nous, pour que nous puissions appeler notre livreur en garantie, s'il y a lieu ; car notre position intermédiaire ne nous permet pas d'apprécier jusqu'ici qui de vous ou de notre livreur a raison ; c'est ce que la suite apprendra. — Mais nous ne saurions accepter votre simple refus non officiel pour un laissé pour compte valable, et vous devez, nous vous le répétons, nous le signifier avec certificats à l'appui.

6 avril 1863. — Lettre de Pavy et Dunbar, croisée avec la précédente :

....On nous a offert 23 shellings par 400 livres, droits d'entrée payés, prix qui est égal à 14 fr. 75 coût et fret, notre commission serait en plus 2 0/0.... Nous espérons que vous accepterez cette offre, car différemment nous serions obligés de faire faire un shelling de frais pour les faire mettre en magasin, et par la suite nous n'en obtiendrons pas un meilleur prix pour la vente....

7 avril 1863. — Lettre de Lapostolet frères et Certeux :

Nous avons reçu votre estimée du 5 courant, et nous vous confirmons notre lettre de même date. — Nous vous la confirmons doublement en ce que nous avons une lettre des chargeurs, nous disant que le chargement est de parfaite qualité et qu'ils l'ont fait constater au départ. — Nous maintenons donc la livraison comme bien faite jusqu'à preuve du contraire....

Du 6 au 10 avril 1863. — Lapostolet frères et Certeux font proposer verbalement, par leurs agents Trier et Ce, une bonification pour prendre la marchandise.

8 avril 1863. — Lettre de Pavy et Dumbar :

Nous vous confirmons notre lettre de hier, croisée avec la vôtre, de même date, que nous avons en mains. Nous attendons toujours que vous nous donniez ordre de vendre le chargement orge par *Joséphine*, ou bien tout autre ordre, pour éviter les frais de surestarie. Nous ne pouvons absolument rien faire, pour être en règle vis-à-vis de vous, sans avoir un ordre de vente ou de déchargement, car nous n'avons aucune demande ou aucune réclamation à faire à vos vendeurs, que nous ne connaissons pas. — Demain les échantillons seront pris et cachetés par un tiers, que nous avons nommé, et par un ami de M. Trier ; alors, sur ce rapport, nous serons en règle, et nous n'aurons plus besoin que d'un ordre de déchargement.

8 avril 1863. — Lettre de Lapostolet frères et Certeux :

....Nous ne pouvons accepter aucune offre en dehors de nos conditions de vente du chargement d'orge n'ayant pas accepté le laissé pour compte. — Nos chargeurs ont, disent-ils, procès-verbal d'expert, déclarant la marchandise de bonne qualité. — Nous les appelons en garantie contre votre refus...

9 avril 1863. — Lettre de Lapostolet frère et Certeux :

Nous prions M. Th. Trier *de nous représenter dans cette affaire*, et d'adresser au besoin une requête pour que ledit chargement soit vendu pour compte de qui de droit, pour le montant nous en être versé, jusqu'à concurrence de ce qui nous est dû, sans préjudice des dommages, etc.....

13 avril 1863. — Lettre des mêmes :

....MM. Trier ont reçu nos instructions relativement à notre affaire en litige....

III. Expertise.

9 avril 1863. — Pouvoir donné par Trier et C⁰ à leur expert. (Traduction.)

A Messieurs Catling et C⁰, Cullum street. Comme représentants des vendeurs du chargement d'orge par *Joséphine*, Messieurs Lapostolet frères et Certeux, à Paris, par le présent autorisons votre associé, M. Van Putten, à retirer du chargement tels échantillons qui en représenteront impartialement la qualité et l'état et à expertiser ledit chargement.

9 avril 1863. — Pouvoir donné par Pavy et Dunbar à E. White. (Traduction.)

Monsieur Edward White, 26 Mark lane. Cher monsieur, nous remettons ci-inclus ordre d'examen du chargement d'orge par *Joséphine*, de Paimpol, vous nous obligerez en expertisant ledit pour notre compte; aujourdhui. M. Van Putten a été choisi expert du chargement pour compte des vendeurs.

Décisions des Experts — (*Traduction*).

Nous, les soussignés, avons expertisé et examiné le chargement d'orge par *Joséphine*, consistant d'environ 400 quarters, arrivé ici de Paimpol, trouvons ladite orge être de qualité très-inférieure, étant de mauvaise couleur, brûlée en vrac, hors de condition et tout impropre à la brasserie ou à la distillerie, et établissons la valeur de ladite être seulement 25 shellings par 416 livres, ici droits acquittés.

Signé : Edward White,
James Van Putten.

Londres, 9 avril. — Expertise, bateaux, etc., £ 4, 10, 0.

10 avril 1863. — Des protestations sont échangées entre Trier et Cie et Pavy et Dunbar, pour constater le refus et prise de livraison.

Le même jour, 10 avril. — Lettre de Pavy et Dunbar à Lapostolet frères et Certeux.

Nous maintenons toujours notre refus du chargement d'orge *Joséphine*, comme étant de qualité bien inférieure à l'échantillon ..... Le chargement va être remis en magasin et vendu pour compte de qui de droit. Pour vider au mieux ce différend, nous allons nommer un négociant de notre place, comme notre représentant, et il jugera l'affaire avec M. Trier. — *P. S.* Depuis que nous vous avons écrit, nous avons reçu l'expertise que nous vous envoyons inclus.

13 avril 1863. — Déclaration complémentaire des experts à la demande de MM. Trier et Ce. (Traduction.)

Nous, les soussignés, avons ce jour comparé un échantillon d'orge marqué Théodore Trier à nous remis par M. T. Trier, avec le chargement d'orge à bord la *Joséphine* et estimons la différence de valeur à 6, nous disons six shellings par quarter (1).

Signé : Edward White.
James Van Putten.

20 avril 1863. — Demande par Trier et Ce d'un complément de déclarations par les experts. (Traduction.)

MM. Lapostolet et Ce nous écrivent, disant que s'il n'est pas trop tard ils aimeraient avoir les deux points suivants insérés dans le certificat :

1° Que le chargement à son arrivée exhalait une forte odeur de fermentation;
2° Que la date du connaissement comparée avec la date de l'arrivée montre que le navire a eu un court passage.

Sollicitant votre bonne attention à ce qui précède, nous sommes etc.

24 juin 1863. — Reçu donné par Trier et Ce aux experts des échantillons cachetés par ceux-ci. (Traduction.)

Reçu de M. Edward White trois échantillons d'orge, deux étaient sous un sceau marqué. F Y et W.

Signé : pour Théodore Trier et Ce.
J. J. Rhan.

1) Cette différence correspond à 3 fr. 85 les 100 kilogrammes.

IV. — Réalisation de la marchandise.

Le capitaine a obtenu la consignation des marchandises aux mains de la maison Young et Raymond pour compte de qui de droit, laquelle en a pris livraison le 17 avril, en constatant, à la demande de Trier et C⁰, le conditionnement. (Traduction.)

Fountain stairs, Bermondsey, le vingt deux mai mil huit cent soixante-trois. — Nous soussignés, certifions par le présent que le dix-sept avril dernier, nous avons débarqué dans nos greniers, Bermondsey Wall, pour le compte de qui il peut appartenir, un chargement d'orge arrivé par *Joséphine*, capitaine Fogerson, à Paimpol, d'environ 400 quarters; que ladite orge à son débarquement avait une forte odeur de fermentation, était généralement en mauvaise condition, et par son mélange avec des grains échauffés, avait l'apparence d'avoir été brûlée dans la meule. — Nous certifions aussi que nous avons donné tous les soins voulus à l'amélioration de la condition de l'orge, autant qu'il était en notre pouvoir de le faire.

Signé : Young et Raymond,
Gabarreurs autorisés et magasiniers.

Remis à Trier et C⁰, rue Mincing Lane.

Le chargement été a vendu par les soins de Trer et C⁰, à la suite d'une lettre écrite par Pavy et Dunbar à Lapostolet frères et Certeux, le 14 mai 1863.

Nous n'avons aucune objection à faire à ce que vous fassiez vendre sans retard le chargement d'orge par navire *Joséphine;* nous trouvons même qu'il est bien plus convenable d'en agir ainsi pour éviter et arrêter les frais qui courent toujours.

V. — Action devant le tribunal de commerce de Paris.

Dès le 28 avril 1863, Gauthier frères assignaient Lapostolet frères devant le tribunal de commerce de la Seine pour 1490 francs solde du prix du chargement d'orge,

De leur côté Lapostolet frères et Certeux assignaient devant le tribunal de commerce de la Seine, à la fois Gauthier frères et Pavy et Dunbar, dans les termes suivants :

Attendu que loin d'être débiteurs de la somme réclamée, les requérants sont, au contraire, créanciers de MM. Gauthier frères, de celle de 10,000 francs, par eux payée sur le chargement dont il s'agit, la marchandise livrée par MM. Gauthier frères, ne s'étant pas trouvée conforme à l'échantillon de vente;

Qu'en effet, les orges vendues par MM. Gauthier frères, et chargées par eux sur le navire *la Joséphine*, à destination de Londres, le 25 mars dernier, *ont été à l'arrivée reconnues non conformes à l'échantillon, et que l'expertise faite a constaté que la qualité en était inférieure à cet échantillon dans les proportions d'environ 20 0/0, ce qui en autorisait pleinement le refus.*

Que ledit chargement a donc été laissé pour compte par MM. Pavy et Dunbar, acheteurs de MM. Lapostolet frères et Certeux, par suite de quoi ceux-ci se sont trouvés eux-mêmes dans le cas de laisser pour compte, vis-à-vis de MM. Gauthier frères.

Qu'à la vérité, MM. Gauthier frères, soutiennent avoir livré et chargé des orges conformes à l'échantillon de vente ; que s'il en était ainsi, ce serait à tort que MM. Pavy et Dunbar auraient refusé le chargement, mais, que dans ce cas, les requérants devraient obtenir recours et récompense contre MM. Pavy et Dunbar, à raison des condamnations prononcées au profit de MM. Gauthier frères, et obtenir en outre condamnation contre lesdits sieurs Pavy et Dunbar, à raison de l'exécution des conventions verbales (marché).

Par ces motifs et autres à suppléer,

En ce qui concerne MM. Gauthier frères,

Voir juger autant non recevable que mal fondée leur demande contre MM. Lapostolet frères et Certeux,

Voir recevoir ceux-ci reconventionnellement demandeurs, et statuant sur cette demande,

Voir prononcer la résiliation du marché verbal relatif aux 76,600 kilogrammes d'orge, chargés sur le navire *la Joséphine*;

S'entendre condamner solidairement par toutes voies de droit et par corps à payer aux demandeurs : 1° La somme de 10,000 francs versée par les requérants sur le prix du chargement ; 2° Et celle de 1,000 francs, représentant le bénéfice dont ils sont privés, le tout avec intérêts et dépens ;

Voir dire que tous moyens tenant état, le chargement dont il s'agit sera, à la diligence des requérants, vendu à Londres par ministère de courtier, pour le net produit en être touché par eux en à-compte et en déduction des condamnations prononcées à leur profit ;

En ce qui touche MM. Pavy et Dunbar :

Voir dire qu'ils seront tenus de sister au procès pour porter garantie à MM. Lapostolet frères et Certeux,

Et pour le cas où la marchandise à eux expédiée serait reconnue conforme à l'échantillon, Voir dire qu'ils seront tenus d'indemniser les requérants des condamnations prononcées contre eux.

11 juin 1863. — Jugement qui renvoie devant M. Binot de Villiers, arbitre-rapporteur.

VI. — Extrait du rapport de l'arbitre.

Avant tout il était nécessaire de prélever un échantillon pour satisfaire aux exigences du procès.

Le pouvoir de renvoi me donnait les pouvoirs suffisants à ce sujet.

Cependant, par suite d'un malentendu sans doute, MM. Lapostolet frères ont eux-mêmes fait vendre la marchandise à Londres, et MM. Gauthier frères ont refusé de reconnaître cet échantillon qu'ils avaient fait prélever.

L'instruction n'avait donc plus qu'à constater cette situation ; mais elle ne pouvait plus procéder à une vérification sur un type dont l'identité était contestée.

La vente en Angleterre a produit brut douze mille neuf cent soixante-quatorze francs . . . . Fr. 12,974 »

Les frais de magasinage, vente, fret, etc., se sont élevés à quatre mille deux francs soixante-quinze centimes, ci . . . . Fr. 4,002 75

Le produit a donc été net de huit mille neuf cent soixante-onze francs vingt-cinq centimes, ci. . . . . Fr. 8,971 25

La marchandise ayant été vendue à Lapostolet frères et Certeux au prix total de onze mille quatre cent quatre-vingt-dix francs, ci. . . . Fr. 11,490 »

Et la vente, en Angleterre, ayant produit net huit mille neuf cent soixante-onze francs vingt-cinq centimes, ci . . . . Fr. 8,971 25

La perte sur l'opération était donc de deux mille cinq cent dix-huit francs soixante-quinze centimes, ci. . . . . Fr. 2,518 75

Il s'agit aujourd'hui de savoir à qui doit incomber cette différence.

AVIS.

Le marché, tel qu'il avait été proposé originairement par MM. Gauthier, comprenait 50 tonneaux d'orge de Paimpol.

MM. Lapostolet frères et Certeux ont désiré que le marché portât sur 80 tonneaux.

Pour satisfaire à leur désir, MM. Gauthier frères ont proposé 30 tonneaux d'orge de Pontrieux que les défendeurs ont refusés.

Le marché existait-il alors soit pour 50 tonneaux seulement, soit pour 80 ?

MM. Lapostolet frères et Certeux ont tranché cette difficulté en déclarant qu'il existait pour 80 tonneaux, et que, déjà liés envers leurs propres acheteurs, ils entendaient exiger cette quantité.

C'était là une prétention pour le moins fort contestable, alors surtout que MM. Gauthier frères n'avaient consenti à fournir le complément de 80 tonneaux qu'en marchandise conforme au deuxième échantillon, et qu'en présence du refus de MM. Lapostolet frères et Certeux, ils avaient mis immédiatement ces derniers en mesure d'accepter ou de refuser ce complément pour lequel il n'y avait pas marché.

Quoi qu'il en soit, les demandeurs ont fait preuve de conciliation, ils ont cédé et ils ont remplacé l'orge de Pontrieux par l'orge de Paimpol, semblable à la première.

C'est, en effet, bien à tort qu'on leur reproche d'avoir expédié les marchandises refusées, car, dans la correspondance, ils n'ont cessé d'offrir à MM. Lapostolet frères et Certeux un marché spécial pour la fourniture de ces marchandises.

Le 21 mars, ils leur écrivaient :

« Puisque nos orges de Pontrieux nous restent, achetez-nous donc 50 à 60 tonneaux, en
» nous autorisant à compléter 80 à 90 tonneaux, si nous pouvons en acheter d'autres. »

Plus tard encore, et après le départ du navire, ils reviennent sur cette proposition.

L'allégation des défendeurs n'est d'ailleurs autre chose que celle d'un fait de fraude : or, la fraude ne se présume point, et, quant à présent, elle n'est point établie.

Si nous revenons aux principes de la vente et à l'application des conditions du marché, nous voyons que la marchandise était livrable sous vergues.

Si MM. Lapostolet frères et Certeux ne voulaient pas procéder par eux-mêmes ou par un tiers à la réception de cette marchandise, il ne leur restait d'autre moyen d'examen que la comparaison de cette même marchandise avec l'échantillon qui leur avait été remis.

Cette comparaison devait-elle avoir lieu en France ou en Angleterre ?

Le marché avait été conclu en France avec des acheteurs français, la livraison avait eu lieu en France ; c'était donc en France, et avec la garantie des lois françaises, que la marchandise devait être examinée.

Ce n'est point ainsi que procèdent les défendeurs; ils ne font faire aucune constation e.. France, ils n'en provoquent aucune en Angleterre.

Ils laissent leurs acheteurs choisir un tiers qui n'a aucun caractère officiel, qui n'est investi d'aucune mission judiciaire ; ils envoient complaisamment à MM. Pavy et Dunbar l'échantillon que MM. Gauthier leur ont remis, et là, sans se faire même représenter, ils laissent décider que les orges sont brûlées dans la paille, hors de condition, et de mauvaise couleur.

Entre le rapport de l'expert de Paimpol, nommé par le tribunal de commerce, et la prétendue constatation du négociant anglais, quel doit être le choix ?

Que MM. Lapostolet frères aient accepté l'enquête anglaise, vis-à-vis de MM. Pavy et Dunbar, ils ne pouvaient peut-être pas faire autrement.

Mais, qu'ils aient voulu déplacer le débat et la juridiction vis-à-vis de MM. Gauthier, c'est ce qu'ils n'avaient pas le droit de faire.

Sans doute MM. Gauthier frères n'ignoraient pas que la marchandise était revendue à des négociants anglais; mais n'ayant point traité avec ces derniers, ils n'avaient point à subir des risques qu'ils n'avaient point entendu courir.

Au fond, est-il besoin de faire remarquer que les défendeurs fournissent à l'instruction la preuve que la marchandise était bonne et qu'elle était vendue à son prix ?

La vente qui a été faite en Angleterre, au mois de juin, dans des conditions évidemment inférieures à celles du marché de MM. Gauthier frères, puisque la marchandise avait séjourné plusieurs mois dans les Docks et que les cours du mois de juin étaient inférieurs à ceux du mois de mars, a eu lieu au prix de. . . . . Fr. 12,974 »

Or la facture de MM. Gauthier frères ne s'élève qu'à la somme de onze mille quatre cent quatre-vingt-dix francs . . . . 11,490 »

La marchandise avait donc une plus-value de . . . . Fr. 1,484 »

Ce résultat justifie complètement la double opération que les parties avaient en vue, car sans les frais énormes qui ont eu lieu à Londres, il assurait tout à la fois le bénéfice de MM. Gauthier et celui de MM. Lapostolet frères et Certeux, lequel, d'après ces derniers, était d'environ mille francs.

Pour MM. Gauthier frères, l'expertise anglaise est donc sans valeur, elle ne prouve rien contre eux, et la revente des orges par MM. Lapostolet et Certeux a achevé de résoudre le débat en faveur des vendeurs.

Quant à la demande en garantie de MM. Lapostolet et Certeux, elle n'a pas d'objet, le lien de droit qui unit ces derniers à MM. Pavy et Dunbar étant tout différent de celui qu'ils ont contracté avec MM. Gauthier frères.

Il en doit être autrement des conclusions directes qu'ils ont prises contre MM. Pavy et Dunbar.

Ces derniers, en faisant défaut, reconnaissent le bien fondé de ces conclusions.

Or, la marchandise leur était vendue au prix de . . . . Fr. 12,256 »

La vente qui a eu lieu à Londres n'ayant produit que. . . . . 8,971 »

MM. Lapostolet et Certeux sont donc en droit de faire prononcer la résolution du marché, et de se faire adjuger la différence, soit . . . . 3,284 »

En conséquence, nous avons l'honneur de proposer au tribunal :

De condamner MM. Lapostolet frères et Certeux à payer à MM. Gauthier frères la somme de 1,490 francs pour solde du chargement de la *Joséphine*, avec les intérêts suivant la loi et aux dépens ;

Déclarer MM. Lapostolet frères et Certeux non recevables en leur demande en garantie contre MM. Pavy et Dunbar ;

Et statuant sur les conclusions directes de MM. Lapostolet et Certeux, contre MM. Pavy et Dunbar,

De prononcer la résolution de la vente du chargement de la *Joséphine* ;

Et condamner ces derniers au paiement de 3,284 francs à titre de dommages-intérêts et aux dépens.

Pavy et Dunbar n'ont pas admis qu'on pût les rattacher à Gauthier frères. Ils ont offert d'aider Lapostolet à se défendre, mais ils n'ont pas cru devoir accepter une défense personnelle.

VII. — Jugement du tribunal de commerce de la Seine.

Le tribunal joint les causes, et statuant sur le tout par un seul et même jugement ;

Sur la demande de Gauthier contre Lapostollet frères et Certaux, en paiement de 1,490 francs, solde d'un marché d'orges :

Attendu qu'il résulte des débats et de la correspondance des parties que, dans le courant de février et mars dernier, des pourparlers ayant eu lieu entre Gauthier frères et Lapostolet frères et Certeux, à l'occasion d'un marché d'orges pour l'Angleterre, Gauthier frères proposèrent 50 à 60 tonneaux d'orge de Paimpol, *dont échantillon fut accepté* ;

Lapostollet exigeaient de leurs vendeurs de trouver l'affrétement d'un navire et de compléter un chargement de 80 à 90 tonneaux ; qu'après avoir vu refuser des orges de Pontrieux, Gauthier frères, pour compléter la quantité demandée, se sont décidés à acheter le complément en orges de Paimpol, et qu'ainsi le 21 mars a été réalisé le marché d'après condition débattue, de 76,600 kilogrammes d'orges de Paimpol, à 15 francs, livrables à Paimpol sous vergues ;

Attendu que, pour solde de cette marchandise s'élevant à la somme de 11,490 francs, trois traites ont été faites par Gauthier frères, dont les deux premières, d'ensemble 10,000 francs, sont acquittées, et dont la dernière refusée d'abord, seulement à cause d'une erreur de chiffre et remplacée depuis, est restée impayée ;

Attendu que, pour se refuser au paiement, Lapostolet frères et Certeux, prétendent, se fondant sur le laissé pour compte de leurs acheteurs anglais, *que la marchandise n'était pas loyale et marchande, et en tous cas conforme à l'échantillon accepté comme type* ;

Mais attendu qu'il n'apparaît pas que l'acceptation par des destinataires inconnus des demandeurs ait été une des stipulations de la vente que les orges étaient livrables à

Paimpol sous vergues, et que les défendeurs avaient le droit, comme le devoir, d'assister à la livraison; qu'un expert commis par le tribunal de commerce de Paimpol, sur requête de Gauthier frères, désireux d'éviter toute difficulté ultérieure, a constaté que les orges ne laissaient rien à désirer sous le rapport de la qualité, ni sous celui du conditionnement, et qu'il n'était pas possible de faire dans toute la contrée un meilleur chargement; que si Lapostolet frères et Certeux prétendent qu'il n'y a lieu de s'arrêter à cette expertise faite en dehors d'eux, et que l'offre d'un marché pour l'Angleterre n'ayant été acceptée que sur échantillon, les demandeurs doivent, après avoir consenti à affréter et charger pour leur compte, justifier de la conformité des marchandises avec l'échantillon, *ils ont à s'imputer, bien que Gauthier frères, au cours de l'instance fussent d'accord de faire vendre les orges sur place à Londres, pour éviter des frais de magasinage, d'avoir réalisé la vente sans le concours de l'arbitre* nommé par le tribunal, et sans y avoir appelé leurs adversaires; que l'échantillon envoyé d'Angleterre dans les circonstances ne présente par un caractère suffisant d'authenticité pour permettre d'établir si la marchandise n'était pas conforme; d'où il suit qu'il y a lieu de déclarer que les demandeurs ont rempli les conditions de leur marché et d'obliger Lapostolet frères et Certeux au paiement réclamé;

Sur les conclusions reconventionnelles de Lapostolet frères et Certeux contre Gauthier frères et Pavy et Dunbar;

En ce qui touche Gauthier frères:

Attendu que de ce qui précède il résulte qu'il y a lieu d'y faire droit;

En ce qui touche Pavy et Dunbar:

Attendu qu'ils n'ont pas comparu ni personne pour eux;

Le tribunal adjuge à Lapostolet frères et Certeux, le requérant, le profit du défaut précédemment prononcé contre Pavy et Dunbar; en conséquence et considérant que les conclusions de la demande ne sont pas contestées, qu'elles ont été vérifiées, qu'elles paraissent justes;

Par ces motifs :

Vu le rapport de l'arbitre, le tribunal, jugeant en premier ressort, condamne Lapostolet frères et Certeux, par toutes les voies de droit et même par corps, conformément aux lois, à payer à Gauthier frères la somme de quatorze cent quatre-vingt-dix francs avec les intérêts suivant la loi, et statuant sur les conclusions reconventionnelles de Lapostolet frères et Certeux, les déclare mal fondés en leur demande contre Gauthier frères, les déboute ;

Et condamne Pavy et Dunbar par toutes les voies de droit et même par corps, conformément aux lois précitées, à payer à Lapostolet frères, la somme de *trois mille deux cent quatre-vingt-quatre francs soixante-quinze centimes*, à laquelle ces derniers ont déclaré réduire leurs conclusions, avec les intérêts de cette somme suivant la loi;

Et condamne, en outre, Pavy et Dunbar aux dépens, dans lesquels entreront deux cents francs pour les honoraires de l'arbitre, même au coût de l'enregistrement du présent jugement, les dépens faits jusqu'à ce jour, taxés à trois cent douze francs trente-cinq centimes, non compris l'enregistrement du présent jugement.

DEUXIÈME PARTIE

I. — Marché de vesces.

Lapostolet frères et Certeux laissent Pavy et Dunbar dans l'ignorance du jugement rendu par défaut contre ceux-ci, qui n'avaient pas accepté la juridiction française.

La Société Pavy et Dunbar a été dissoute; Phillip Pavy en est le liquidateur ; il continue le commerce pour son compte personnel, et pendant que l'instance se suivait à Paris, les deux maisons continuaient leurs rapports de commerce amicalement.

Lapostolet frères et Certeux ont profité de cette circonstance pour se procurer d'une façon indirecte le moyen d'exécuter dans leurs propres mains, et sur Phillip Pavy, la condamnation obtenue en France contre Pavy et Dunbar.

En effet, Lapostolet frères et Certeux proposent à Phillip Pavy une opération de vesces dans les termes suivants :

5 janvier 1864.

..... Avez-vous encore la partie vesces offerte par votre lettre 14 décembre ? Offrez-nous-en une partie *franco* à Boulogne ou à la Chapelle. Si vous nous offrez à de bonnes conditions, nous pourrons nous en arranger.

Cette opération est acceptée; les marchandises sont expédiées par Phillip Pavy en son nom personnel ; il fait traite sur ces Messieurs, qui laissent protester faute d'acceptation, *n'étant pas d'accord avec les tireurs.*

Le 7 février 1864, ils parlent pour la première fois à Phillip Pavy du jugement du 23 décembre 1863 :

..... Nous devons vous faire part que nous avons perdu notre procès vis-à-vis MM. Gauthier frères, expéditeurs du chargement orge de Pontrieux, refusé par vous à Londres ; nous avons l'intention d'en rappeler. Il nous serait agréable de connaître vos intentions dans le cas où notre appel n'aboutirait qu'à la confirmation du jugement. Cette demande est toute loyale, car, intermédiaires dans cette affaire, nous ne pouvons perdre des deux côtés. — Vous unirez-vous à nous dans l'appel que nous désirons faire contre le jugement qui nous frappe vis-à-vis d'eux ?

A cette communication, Phillip Pavy répond en protestant.

Alors Lapostolet frères et Certeux avouent le moyen qu'ils ont employé pour se payer abusivement.

Lettre du 12 février 1864.

..... Malgré tout le désir que nous avons de continuer de bons rapports, nous ne pouvons consentir à abandonner aussi bénévolement une somme aussi importante quand le tribunal nous a donné gain de cause ; et bien qu'il nous en coûte beaucoup d'agir aussi sévèrement envers vous, nous ne nous dessaisirons pas de ce que nous avons entre les mains, jusqu'à concurrence de ce qui nous est dû, le surplus à votre disposition, bien entendu. Si vous voulez maintenant en rappeler du jugement qui vous frappe, nous nous mettons encore à votre disposition. Si vous préférez que nous tentions un arrangement avec MM. Gauthier frères, nous ferons tout ce qui sera en notre pouvoir, soit pour faire réformer le jugement, soit pour obtenir un arrangement avantageux, suivant le parti que vous prendrez.

Seulement, nous devons naturellement conserver par devers nous ce que nous sommes obligés de verser nous-mêmes à MM. Gauthier, et nos débours.

II. — Nouvelle procédure.

12 mars 1864. — Assignation par Phillip Pavy à Lapostolet frères et Certeux, devant le tribunal de commerce de Paris, à fin de condamnation de 8,416 fr. 20 c. montant des 400 sacs de vesces, plus des frais de protêt et autres.

15 mars 1864. — Signification par Lapostolet frères et Certeux du jugement par défaut du 23 décembre 1863.

18 mars 1864. — Opposition à la requête de Pavy et Dunbar, au jugement du tribunal de commerce du 23 décembre 1863, qui les ont condamnés par défaut au paiement de 3,284 fr. 75 c. au profit de Lapostolet frères et Certeux.

29 mars 1864. — Jugement de renvoi des deux causes devant M. Binot de Villiers, arbitre rapporteur.

III. — Opinion de l'arbitre.

AVIS.

Les questions qui ressortent du débat sont celles qui suivent :

1° Doit-on admettre l'opposition de M. Pavy au jugement rendu par défaut, le 23 décembre 1863, contre MM. Pavy et Dunbar ?
2° Doit-il être fait droit à la demande de M. Pavy, en paiement de 8,416 fr. 20 c. montant de sa facture du 19 janvier 1864 ?
3° En doit-il être de même de sa demande en paiement de 161 fr. 85 c. pour frais de retour des traites en paiement de la facture ?
4° MM. Lapostolet frères et Certeux sont-ils fondés d'opposer en compensation les condamnations prononcées à leur profit contre MM. Pavy et Dunbar, et s'élevant en principal et accessoires à 3,788 fr. 94 c. ?
Au contraire, y a-t-il lieu de repousser cette compensation ?
D'abord par ce motif, que les deux dettes ne seraient pas dues par les mêmes personnes ;
Ensuite, parce que la marchandise qui a fait l'objet des condamnations prononcées par le jugement du 23 décembre 1863, a été laissée pour compte ;
Enfin, parce qu'un arbitrage aurait justifié ce laissé pour compte, et que MM. Lapostolet et frères Certeux auraient disposé de la marchandise.

Sur la première question.

M. Pavy justifie de la qualité de liquidateur de la Société Pavy et Dunbar, qualité qu est d'ailleurs établie par des circulaires ; il a donc le droit de former opposition à un jugement qui peut porter préjudice à la liquidation dont il est chargé, et par suite à ses intérêts personnels.

Sur la deuxième question.

Il n'y a aucune difficulté : MM. Lapostolet frères et Certeux se reconnaissent débiteurs de la facture de 8,416 fr. 20 envers M. Pavy personnellement.

Sur la troisième question.

La somme de 161 fr. 85 c., pour retour des traites, ne sera due à M. Pavy, qu'autant que la compensation sera repoussée.
Cette question est donc surbordonnée à la solution de la suivante.

Sur la quatrième question.

Tout l'intérêt du procès se reporte sur cette question et sur la valeur des fins de non-recevoir opposées par M. Pavy.
Les deux dettes sont également liquides et exigibles ; l'une résulte d'une facture échue, l'autre d'un jugement, mais s'appliquent-elles aux mêmes personnes ?
M. Pavy cherche vainement à établir une distinction. Comme associé de l'ancienne maison Pavy et Dunbar, il est tenu solidairement des dettes de la Société.
Comme liquidateur de cette Société, il est également tenu d'éteindre le passif social.
Le jugement du 23 décembre 1863, rendu contre la Société Pavy et Dunbar et auquel M. Pavy a formé opposition, peut donc être invoqué contre M. Pavy personnellement débiteur à un double titre.
Tel doit être le sort de la première fin de non-recevoir.
La deuxième fin de non-recevoir n'est pas mieux fondée.
Sans doute, MM. Pavy et Dunbar ont refusé la marchandise et ont déclaré la laisser pour compte ; mais la question est de savoir si leur refus était motivé, et c'est à eux de l'établir.
On est ici dans le vif du procès.
M. Pavy prétend que MM. Lapostolet frères ont accepté le laisser pour compte, que, d'ailleurs, ils ont compromis et que l'arbitrage a consacré le laisser pour compte, et qu'enfin, ils ont repris la marchandise et en ont disposé.
Examinons si ces assertions sont exactes.
Le 11 février 1863, MM. Lapostolet frères et Certeux envoyaient à MM. Pavy et Dunbar,

un échantillon de 50 tonneaux d'orge de Paimpol, qu'ils offraient de leur vendre à 16 fr. les 100 kilogrammes sous vergues à Paimpol. Ces derniers acceptent, mais en déclarant qu'ils ne veulent point dépasser 15 francs par tonneau pour le fret.

Une correspondance s'engage et on finit par s'entendre pour porter le chargement à 76 tonneaux et le fret à 18 francs.

Le connaissement est envoyé le 27 mars.

Le même jour, par une lettre qui se croisait avec celle de MM. Lapostolet et Certeux, MM. Pavy et Dunbar annonçaient qu'ils seraient obligés de refuser les marchandises, à cause du long retard mis à opérer le chargement.

En fait, le retard ne provenait que de leurs exigences sur les conditions du fret et des difficultés que MM. Lapostolet et Certeux avaient eues à trouver un capitaine qui consentît à les accepter.

Il faut ajouter que les orges étaient en baisse.

Cependant ladite marchandise arrive à Londres, le 2 avril, et il n'est plus question du retard. Mais le chargement est refusé par un autre motif: pour défaut de qualité et infériorité à l'échantillon, de plus de 20 0/0.

On connait leur lettre.

A ce moment, MM. Pavy et Dunbar envoient aux défendeurs un échantillon du chargement. Cet échantillon était-il sincère? Dans leur bonne foi, MM. Lapostolet frères et Certeux l'admettent comme tel et déclarent, dans leur lettre du 3 avril, qu'il n'est pas conforme à l'échantillon de vente.

Cependant un scrupule surgit dans leur esprit, car ils ajoutent :

Mais est-ce bien l'échantillon représentant le chargement ou bien une petite partie du chargement ?

Aussi, il ne faut pas voir dans cette partie de la correspondance une acceptation, nette et irrévocable, du refus et des motifs du refus de ladite marchandise, d'autant mieux que MM. Lapostolet frères et Certeux annoncent qu'ils vont en référer à leurs propres vendeurs, MM. Gauthier frères, et que, dans toute leur correspondance, ils n'ont jamais voulu compromettre leur situation à leur égard, et qu'ils ont même tenu MM. Pavy et Dunbar au courant de toutes les phases du litige engagé par MM. Gauthier frères.

MM. Lapostolet frères et Certeux reconnaissent un fait : c'est que l'échantillon qu'on leur envoie, n'est pas conforme, voilà tout; mais en aucune circonstance ils n'ont approuvé le laissé pour compte; c'est toujours à MM. Pavy et Dunbar à justifier leur refus d'une manière régulière.

A peine MM. Pavy et Dunbar ont-ils refusé les marchandises, qu'ils déclarent qu'on leur en offre 14 fr. 70 c. coût et fret.

(Lettre du 6 avril 1863.)

MM. Lapostolet frères et Certeux répondent qu'ils n'ont pas qualité pour agir sans leurs propres vendeurs.

Ils engagent MM. Pavy et Dunbar à se mettre en règle.

C'est alors que MM. Pavy et Dunbar imaginent de procéder non pas à un arbitrage, comme ils le prétendent, car on ne représente ni compromis ni sentence ; non pas même à une expertise contradictoire et régulière, car on ne produit aucun procès-verbal, mais à une constation irrégulière et sans mandat.

Le 10 avril, ils écrivent aux demandeurs:

« Nous maintenons toujours notre refus du chargement orge *Joséphine,* comme étant de
» qualité bien inférieure à l'échantillon......

» Le chargement va être remis en magasin et vendu pour compte de qui de droit.
» Pour vider au mieux ce différend, *nous allons* nommer un négociant de notre place comme
» notre représentant, et il *jugera* l'affaire avec M. Trier. »

(M. Trier était alors l'agent de MM. Lapostolet frères et Certeux, à Londres.)

Dans la même lettre, et en forme de post-scriptum, on lit ce qui suit :

« Depuis que nous vous avons écrit nous avons reçu l'expertise que nous vous envoyons,
» inclus. »

Or voici en quoi consistait l'expertise dont il s'agit.

Sur une feuille de papier renfermée dans la lettre du 10 avril, MM. Pavy et Dunbar avaient écrit les lignes suivantes, sans indication d'aucun nom et sans signature :

« Nous, les soussignés, ayant inspecté et examiné le chargement d'orge par *Joséphine* ,
» se composant d'environ 400 (suit un mot illisible indiquant la mesure), arrivé ici de
» Paimpol, trouvons cette orge de qualité inférieure, brûlée, hors de condition et totalement
» impraticable pour distiller ou brasser.

» Nous l'évaluons seulement à 251. 4. 16 droits payés. »

Tel est le document que MM. Pavy et Dunbar ont qualifié successivement d'arbitrage et d'expertise.

Comprend-on que, dans la même lettre, ils annoncent qu'ils vont constituer des experts et qu'ils envoient le résultat de l'expertise?

M. Trier était bien l'agent des défendeurs à Londres, pour acheter et pour vendre, mais avait-il le droit de compromettre et même de nommer des experts ?

En fait, M. Trier a-t-il réellement compromis ou participé à une expertise?

On comprend que sur tous ces points, l'instruction devait exiger des justifications, car là est tout le procès.

Jusqu'au dernier moment, les parties se sont renvoyé réciproquement la charge de ces justifications.

Enfin, à la date du 12 septembre dernier, M. Pavy m'a fait parvenir un certificat de MM. White et Van Putten, établissant qu'ils ont été chargés par MM. Pavy et Dunbar et par MM. Trier et C°, représentant MM. Lapostolet et Certeux, d'arbitrer la cargaison d'orge expédiée par navire *Joséphine,* et qu'ils ont trouvé ce chargement inférieur de quelques schillings à l'échantillon de vente.

Il est à peine besoin de faire ressortir l'irrégularité de la prétendue expertise invoquée par M. Pavy. Tout à l'heure je signalais l'impossibilité d'une expertise annoncée et opérée dans la journée du 10 avril.

Que penser maintenant d'une expertise dont on ne fournit pas même la date, et pour laquelle on produit un certificat daté du 12 septembre 1864, c'est-à-dire plus de dix-sept mois après ?

Enfin où est la preuve du mandat qui aurait été donné par M. Trier aux deux experts et surtout la preuve de l'autorisation que MM. Lapostolet frères et Certeux auraient eux-même donnée à M. Trier?

Je ne m'attache donc pas davantage à l'expertise qui aurait été faite à Londres.

Si cette expertise a eu lieu, elle a été faite sans autorisation, et elle a été dépourvue de toutes les garanties qui font la sécurité des intéressés en pareille matière.

Il ne reste plus qu'un point à examiner.

MM. Lapostolet frères et Certeux *ont en effet vendu ladite marchandise, et le prix* qu'ils ont réalisé, ainsi que je l'ai constaté dans mon premier rapport, s'est élevé à la somme de douze mille neuf cent soixante-quatorze francs. . . . . Fr. 12,974 »

Or, la facture de MM. Gauthier frères était seulement de onze mille quatre cent quatre-vingt-dix francs. . . . . 11,490 »

La marchandise avait donc une plus-value de quatorze cent quatre-vingt-quatre francs. . . . . Fr. 1,484 »

MM. Lapostolet frères et Certeux ont-ils agi sans autorisation en faisant vendre la marchandise?

Voici ce que MM. Pavy et Dunbar leur écrivait, le 14 mai 1863 :

« Nous n'avons aucune objection à faire à ce que vous fassiez vendre sans retard le
» chargement d'orge par navire *Joséphine.*

» Nous trouvons même qu'il est bien plus convenable d'en agir ainsi pour éviter et arrê-
» ter les frais qui courent toujours. »

Cette lettre justifie pleinement la vente et résout la dernière question.

En conséquence nous avons l'honneur de proposer au tribunal :

De recevoir M. Pavy opposant au jugement par défaut *du 23 décembre 1863 ;*

Et statuant sur son opposition,

    L'en débouter,

Et le condamner aux dépens.

Statuant, en outre, sur la demande de M. Pavy en paiement de 8,416 fr. 20 c.,

Donner acte à MM. Lapostolet frères et Certeux de l'offre qu'ils font de payer cette somme, sous déduction des compensations résultant du jugement du 23 décembre 1863, et s'élevant, sauf les intérêts, à 3,780 fr. 90 c.,

Et condamner également M. Pavy aux dépens de l'instance.

Signé : Binot de Villier.

Paris le 24 septembre 1864.

IV. — Jugement du tribunal.

7 décembre 1864.

Le tribunal joint les causes ;

Reçoit Pavy et Dunbar opposants à la forme du jugement par défaut contre eux rendu en ce tribunal le 23 décembre 1863, et statuant par un seul et même jugement tant, sur le mérite de cette opposition que sur la demande reconventionnelle de Pavy, liquidateur de la maison Pavy et Dumbar contre Lapostolet frères et Certeux :

Attendu qu'il résulte des débats et des documents produits, que Pavy et Dunbar ont vendu à Lapostolet frères et Certeux 400 sacs de vesces à des conditions de prix et d'époque déterminées;

Attendu que, le 1er février 1864, Pavy et Dunbar ont fait traite sur Lapostolet frères et Certeux, pour le montant de la facture de la marchandise livrée ; que cette traite a été refusée, sans que les motifs du refus aient été exprimés;

Attendu que le 5 février suivant, une nouvelle traite a été tirée par Pavy et Dunbar sur Lapostolet frères et Certeux, qu'elle a été de nouveau refusée, et que les tirés ont invoqué le défaut de provision, qui devait leur être fournie par Pavy et Dunbar, en raison d'une condamnation prononcée contre eux, au profit de Lapostolet frères et Certeux, par jugement de ce tribunal, en date du 23 décembre 1863 ;

Attendu qu'il y a lieu de rechercher le mérite de la prétention énoncée ;

Attendu qu'il ressort des documents de la cause, qu'en février 1863, Lapostolet frères et Certeux avaient acheté, d'un sieur Gauthier, une quantité d'orges, et les avaient revendues à Pavy et Dunbar ;

Attendu que ces orges avaient été expertisées dans le port d'embarquement avant leur départ pour le lieu de destination, que, d'après le rapport de l'expert, elles étaient reconnues être de bonne qualité ;

Attendu qu'à leur arrivée à Londres, Pavy et Dunbar, qui d'abord avaient avisé les expéditeurs de leur intention de les refuser, à cause du retard apporté dans leur expédition, n'ont pas voulu en prendre livraison, non plus cette fois pour cause de retard, mais en raison de leur qualité, qu'ils ont prétendu impropre à l'usage auquel elles étaient destinées;

Attendu qu'à l'occasion de ce refus une nombreuse correspondance a été échangée entre les parties ; qu'il résulte de celle-ci ainsi que d'une expertise à laquelle Pavy et Dunbar ont fait procéder, que ces derniers devraient être considérés comme mal fondés dans leur prétention, soit de refuser la marchandise pour cause de mauvaise qualité, soit d'avoir obtenu de Lapostolet frères et Certeux leur consentement à un refus de cette marchandise

Attendu que la revente de ces orges a eu lieu sur le marché de Londres ; qu'une perte sensible a été réalisée, et qu'il y a lieu de laisser au compte de Pavy et Dunbar, la somme de 3,942 fr. 90 c., composée de 3,284 fr. 75 c., montant de la condamnation prononcée par le jugement du 23 décembre 1863, de celle 162 francs montant des intérêts de ladite condamnation jusqu'au jour de la demande de Pavy et Dunbar, de celle de 496 fr. 15 c. pour frais d'enregistrement et autres accessoires afférents à la traite tirée en remboursement de la somme sus-énoncée ;

Attendu qu'il résulte de toutes les circonstances qu'il y a lieu de fixer la créance de Pavy et Dunbar sur Lapostolet frères et Certeux, à 8,416 fr. 20 c., et celle de ces derniers sur Pavy et Dunbar, à 3,942 fr. 90 c. ; que, compensation opérée desdites dettes à due concurrence, Lapostolet frères et Certeux restent débiteurs pour solde, de la somme de 4,473 fr. 30 c., dont ils font offre, et que leurs offres sont suffisantes.

Par ces motifs :

Vu le rapport de l'arbitre,

Le tribunal, jugeant en premier ressort, fixe à 8,416 fr. 20 c. la créance de la maison Pavy et Dunbar sur Lapostolet frères et Certeux, et celle de ces derniers sur Pavy et Dunbar, à 3,942 fr. 90 c. ;

Déclare les dettes compensées à due concurrence, et cette compensation opérée annule le jugement dudit jour 23 décembre 1863 ; fait défense à Lapostolet frères et Certeux de l'exécuter, et, statuant par dispositions nouvelles,

Donne acte à Lapostolet frères et Certeux de leurs offres de 4,473 fr. 30 c., lesquelles sont déclarées suffisantes ;

Dit que Lapostolet frères et Certeux seront tenus de réaliser lesdites offres dans la huitaine de la signification du présent jugement, sinon et faute de ce faire dans ledit délai et icelui passé, dit qu'il sera fait droit ;

Et sur le surplus des conclusions, met les parties hors de cause ;

Condamne Pavy en tous les dépens, dans lesquels entreront 200 francs pour les honoraires de l'arbitre, même au coût de l'enregistrement du présent jugement ; les dépens d'icelui taxés à la somme de 39 francs, etc. ;

Ordonne que le présent jugement sera exécuté selon sa forme et teneur, et, en cas d'appel, par provision, sans qu'il soit besoin de donner caution conformément à l'article 439 du Code de procédure civile.

Ainsi jugé, etc.

PIÈCES COMMUNIQUÉES

I.

Extrait des lettres de Lapostolet frères et Certeux, à leurs agents, Trier et Cie, de Londres.

9 avril 1863.

Nous vous adressons, par chemin de fer : 1° Échantillon de vente du chargement d'orge, reçu de nos vendeurs, et dont partie a été adressée à MM. Pavy et Dunbar....

....Notre position intermédiaire ne nous permet pas d'accepter une expertise établissant quelle différence il peut exister entre la marchandise vendue et celle livrée ; nous demandons seulement que les experts déclarent s'il y a lieu de laisser pour compte ledit chargement, et pour quels motifs.

Ils pourront, mais à titre de renseignement, mentionner la différence de prix entre les deux marchandises.

De toute façon et quel que soit le rapport des experts, il vous faudra, en notre nom, pour hâter la solution de cette affaire, faire sommation à MM. Pavy et Dunbar, de prendre livraison dans les vingt-quatre heures....

10 avril 1863.

... En résumé, les experts pourront, mais à titre de renseignements seulement, estimer la différence d'un échantillon à l'autre, sauf à nous de le reconnaître, car, s'il y a arrangement et par suite rabais à faire, ce rabais ne pourra être établi que sur la différence de qualité entre la moyenne du chargement et l'échantillon de vente....

12 avril 1863.

Nous vous adressons ci-incluse la lettre que nous recevons de nos livreurs; ainsi que vous le verrez, MM. Gauthier offrent 500 francs et en cas de refus de MM. Pavy et Dunbar, ils sont déterminés à courir les chances d'un procès...

Pour arriver à un arrangement général, nous offrons, de nous-mêmes, sauf à nous entendre après avec nos livreurs, d'augmenter le rabais proposé jusqu'à 1 franc par 100 kilogrammes, soit 766 francs au lieu de 500 francs. Si dans le chargement il ne se trouve qu'une petite partie d'orge laissant à désirer, car c'est tout à supposer, cette bonification devra convenir à MM. Pavy et Dunbar...

II.

Note écrite et envoyée par Trier et Ce, attribuée par l'arbitre, à Pavy et Dunbar :

Messieurs T. Trier et Ce,

En réponse à la lettre que MM. Vennes fils nous ont adressée ce jour d'après vos instructions, pour compte de MM. Lapostolet frères, nous venons vous informer, que le chargement d'orge par *Joséphine* étant tellement inférieur aux échantillons de vente, nous sommes forcés de refuser de l'accepter en remplissement de leur contrat.

Vos dévoués,

Pavy et Dunbar.

Nous les soussignés, ayant inspecté et examiné le chargement d'orge par *Joséphine*, se composant d'environ 400 q^{rs} : arrivés ici de Paimpol trouvons cette orge de qualité inférieure, brûlée, hors de condition, et totalement impraticable pour distiller ou brasser.
Nous l'évaluons seulement 25 0/0 416 lbs, droits payés.

CONCLUSIONS COMPLÉMENTAIRES

POUR

M. PHILLIP PAVY,

tant en son nom personnel qu'ès nom

APPELANT   GUILLAIN.

CONTRE

MM. LAPOSTOLET FRÈRES & CERTEUX,

INTIMÉS.   LESAGE.

Il plaira a la Cour :

Statuant sur l'appel de deux jugements, rendus entre les parties, par le tribunal de commerce de la Seine, les **23** décembre 1863 et 7 décembre 1864 :

Attendu que le tribunal de commerce a réuni à tort, dans un seul jugement, deux causes essentiellement distinctes ;

Que la première, concernant la Société Pavy et Dunbar opposants à un jugement rendu contre elle, au profit de Lapostolet frères et Certeux, était relative à l'exécution d'un marché d'orge ;

Que la seconde, introduite par Phillip Pavy seul, en son nom personnel contre Lapostolet frères et Certeux, concerne seulement un marché de vesces qui n'a donné lieu à aucune contestation ;

Attendu toutefois que les deux causes, étant en état devant la Cour, elles peuvent être jugées ensemble, mais par des dispositions différentes :

1° En ce qui touche la demande en garantie de Lapostolet frères et Certeux ;

Attendu qu'il est établi, par la correspondance des parties, que Lapostolet et Certeux ont été vendeurs directs, à Pavy et Dunbar, des 76,600 kilogrammes d'orge dont s'agit au procès ;

Que, n'ayant pas opéré comme commissionnaires et ayant facturé en leur nom, ils ne pouvaient à aucun titre prétendre que Pavy et Dunbar étaient tenus de les garantir, vis-à-vis de leurs vendeurs, des mêmes marchandises, MM. Gauthier frères.

Qu'il y a deux marchés distincts : l'un entre Gauthier frères et Lapostolet et Certeux ; l'autre entre ces derniers et Pavy et Dunbar, à des prix et à des conditions différents.

Attendu que cette distinction a été admise par le tribunal de commerce lorsqu'il a statué sur la demande principale de Gauthier frères contre Lapostolet et Certeux ;

Que ces derniers devaient donc régler leurs intérêts privés avec Gauthier frères, et répondre aux prétentions de ceux-ci en dehors de Pavy et Dunbar ;

Qu'à ce premier point de vue la demande en garantie formée par Lapostolet et Certeux, contre Pavy et Dunbar doit être formellement repoussée ;

Attendu encore qu'il résulte des indications fournies par l'arbitre rapporteur au tribunal de commerce, lors de la demande principale, que c'est par leur *fait personnel* que Lapostolet et Certeux n'ont pas pu opposer à Gauthier, frères leurs vendeurs, les motifs de refus de la marchandise, invoqués par Pavy et Dunbar à l'appui de leur laissé pour compte en Angleterre ;

Attendu enfin qu'en supposant que les sieurs Lapostolet et Certeux aient pu, en la forme et accessoirement à leur demande en garantie, conclure contre Pavy et Dunbar à la condamnation au paiement de 3,224 fr. 75 c.

cette somme ne peut dans aucun cas être mise à la charge de Pavy et Dunbar;

Qu'en effet, au moment où ces derniers ont consenti à acheter les orges dont il s'agit, ils ont mis pour condition expresse qu'elles seraient *conformes à l'échantillon* et *assez sèches pour supporter le voyage;*

Qu'il est complétement établi par l'expertise à laquelle il a été procédé en Angleterre :

D'une part, que l'échantillon de vente représenté par l'agent des vendeurs était d'une valeur supérieure de 20 0/0 à la marchandise expédiée :

D'autre part, que le chargement expertisé, était de qualité très-inférieure, de mauvaise couleur, brûlée en vrac, hors de condition ;

Qu'une telle défectuosité, après une belle traversée, ayant duré seulement cinq jours, a justifié le refus qu'ont fait Pavy et Dunbar de prendre livraison de cette marchandise, et que, comme conséquence, la perte de la revente qui a eu lieu, et qui s'est élevée à plus de 25 0/0. doit rester à la charge de Lapostolet et Certeux.

Attendu, il est vrai, que ces derniers ont contesté la sincérité de l'expertise ; qu'ils ont même prétendu que leurs agents n'avaient pas été autorisés à y concourir;

Mais que cette méconnaissance produite devant l'arbitre rapporteur ne peut se maintenir devant la Cour, en présence des documents obtenus par l'appelant, lesquels constatent avec quelle loyauté et quelle précision a été faite l'expertise *formellement autorisée* par Lapostolet et Certeux, qui en ont suivi chaque phase;

Que la défectuosité de l'orge démontrée, il reste évident que Lapostolet frères et Certeux n'auraient pas succombé dans leur résistance contre Gauthier frères, leurs demandeurs primitifs, sans la faute personnelle qu'ils ont commise et que relève le jugement en disant : *Qu'ils ont à s'imputer, bien que Gauthier frères fussent d'accord au cours de l'instance, de faire vendre les orges sur place à Londres, pour éviter des frais de magasinage, d'avoir réalisé la vente* SANS LE CONCOURS *de l'arbitre nommé par le tribunal, et sans y avoir appelé leurs adversaires ;*

Qu'il résulte de tout cela que la perte éprouvée doit rester à la charge seule de Lapostolet frères et Certeux.

2° En ce qui touche la demande de Phillip Pavy contre Lapostolet frères et Certeux :

Attendu que Lapostolet et Certeux ayant acheté de Phillip Pavy, 400 sacs de vesces qui leur ont été livrés, et qu'ils ont acceptés à la condition d'en payer le prix à trente jours, ne pouvaient sous aucun prétexte refuser d'acquitter la traite de 8,416 fr. 20 c., fournie sur eux pour l'importance de la facture ;

Qu'achetant de Phillip Pavy *personnellement*, à la date du 6 janvier 1864, ils auraient dû informer celui-ci, liquidateur de la Société Pavy et Dunbar, de l'existence du jugement du 23 décembre 1863, qui condamnait cette Société à leur payer 3,224 fr. 75 c., si leur intention était réellement de retenir le montant de cette condamnation sur l'importance de la nouvelle facture ;

Que la loyauté commerciale tout aussi bien que les règles de droit en matière de compensation ne peuvent justifier, à aucun point de vue, le protêt qu'ont laissé faire Lapostolet et Certeux, au détriment du crédit commercial de Phillip Pavy; que c'est donc à tort que les premiers juges n'ont pas condamné Lapostolet et Certeux au paiement de la traite fournie sur eux par Phillip Pavy pour solde de la facture de vesces qui n'a été l'objet d'aucune contestation

Par ces motifs et tous autres à déduire ou à suppléer,

Adjuger à M. Pavy, tant en son nom personnel qu'ès noms les conclusions par lui précédemment prises et signifiées ;

Et condamner Lapostolet frères et Certeux à tous les dépens, dont distraction à M° Guillain, aux offres de droit.

GUILLAIN, *avoué*.

www.ingramcontent.com/pod-product-compliance
Lightning Source LLC
Chambersburg PA
CBHW060912050426
42453CB00010B/1667